Anne van Stappen
Caroline Hanssens

Caderno de exercícios para se

proteger do burnout

graças à comunicação não violenta

Ilustrações de Jean Augagneur
Tradução de Clarissa Ribeiro

EDITORA
VOZES

Petrópolis

CB053821

© Éditions Jouvence S.A., 2019
Chemin du Guillon 20
Case1233 — Bernex
http://www.editions-jouvence.com
info@editions-jouvence.com

Tradução do original em francês
intitulado *Petit cahier d'exercice:
Se proteger du burn-out grâce à la
Communication Non Violente*

Direitos de publicação em língua
portuguesa — Brasil:
2022, Editora Vozes Ltda.
Rua Frei Luís, 100
25689-900 Petrópolis, RJ
www.vozes.com.br
Brasil

CONSELHO EDITORIAL
Diretor
Volney J. Berkenbrock

Editores
Aline dos Santos Carneiro
Edrian Josué Pasini
Marilac Loraine Oleniki
Welder Lancieri Marchini

Conselheiros
Elói Dionísio Piva
Francisco Morás
Gilberto Gonçalves Garcia
Ludovico Garmus
Teobaldo Heidemann

Secretário executivo
Leonardo A.R.T. dos Santos

Editoração: Elaine Mayworm
Projeto gráfico: Éditions Jouvence
Arte-finalização: Sheilandre
Desenv. Gráfico
Revisão gráfica: Jaqueline Moreira
Capa/ilustração: Jean Augagneur
Arte-finalização: Editora Vozes

ISBN 978-65-5713-328-6 (Brasil)
ISBN 978-2-88953-153-0 (Suíça)

Este livro foi composto e
impresso pela Editora Vozes Ltda.

**Dados Internacionais de Catalogação na Publicação (CIP)
(Câmara Brasileira do Livro, SP, Brasil)**

Van Stappen, Anne
   Caderno de exercícios para se proteger do burnout graças à
comunicação não violenta / Anne van Stappen, Caroline Hanssens ;
ilustrações de Jean Augagneur ; tradução de Clarissa Ribeiro. —
Petrópolis, RJ : Vozes, 2022. — (Coleção Praticando o Bem-estar)
   Título original: Petit cahier d'exercice: Se protéger du
burn-out grâce à la Communication Non Violenta

   2ª reimpressão, 2023.

   ISBN 978-65-5713-328-6
   1. Burnout (Psicologia) 2. Comunicação não verbal 3. Estresse
ocupacional I. Hanssens, Caroline. II. Augagneur, Jean. III.
Título. IV. Série.

21-86471   CDD-153.6

                Índices para catálogo sistemático:
        1. Comunicação não violenta : Psicologia   153.6

        Cibele Maria Dias — Bibliotecária — CRB-8/9427

Agradecimento

Nossa gratidão a Michel van Bellinghen, Xavier Blois, David Decroix, Gaston Hanssens, Amélie Quiévy e Diane Mongin pelos comentários e releituras pertinentes!

Introdução

Há cerca de vinte anos, o mundo do trabalho foi revirado por diversos fatores, dentre os quais a globalização crescente, crises econômicas e o surgimento fulgurante de novas tecnologias. Essas metamorfoses engendraram consequências nefastas, tais como o crescimento dos imperativos de produtividade, a pressão sobre os empregados, a competição, a aceleração do ritmo de trabalho, a hiperconectividade etc. Muitos trabalhadores, pouco a pouco, foram levados a viver permanentemente estressados e pressionados por seus múltiplos encargos. Essas condições propagaram o **burnout** em todos os setores profissionais, indo além do setor da saúde, onde ele havia sido identificado inicialmente.

Paradoxo de nossa sociedade, essas hiperprodutividades e hiperconectividades, que deveriam melhorar a rentabilidade das empresas, têm, na realidade, um impacto negativo na saúde financeira e global delas, principalmente por conta do crescimento dos **burnout**.

> *"O mundo do trabalho está sem rumo!"*
> (Julie Morelle)

Com a ajuda da Comunicação Não Violenta (CNV), este caderno visa nos ensinar a estabelecer limites e a saber dizer "PARE" em favor de nós mesmos, descobrindo e expressando nossas necessidades, depois formulando demandas em função delas. O **burnout** se chama também **BOS**, ou **Burn Out Syndrome**[1], isto é, síndrome de esgotamento profissional.

Nós compreendemos "BOSS" assim:
- "B" como "Buscar saber o que precisamos" (aprender a conhecer nossas necessidades, a fim de levá-las em conta em nossas escolhas);
- "O" como "Ousar afirmar suas necessidades", até mesmo os desconfortos (depois formular demandas em função disso);
- "S" como "Sentir suas vivências";
- "S" como "Saborear seus sucessos" (se dar o reconhecimento esperado do exterior.)

---

1. Em inglês no original [N.T.].

Eu sou meu próprio Boss!

Para conseguir isso, propomos a você três competências, recomendadas pela CNV e que nós vemos como fatores essenciais para a preservação de nossas relações e de nossa saúde: trata-se da apreciação positiva, da autoempatia e de assertividade.

Mas, antes de abordar essas competências, exploremos diversos aspectos do **burnout** profissional.

O burnout

Definição e características

O **burnout** é um conjunto de sintomas psicoemocionais e fisiológicos constituído principalmente pelo esgotamento profissional, a perda da autoestima e a desmotivação no trabalho. Ele se origina em um desequilíbrio entre as exigências profissionais e a capacidade de administrá-las (ou seu medo de não ser capaz disso).

O **burnout** representa um caleidoscópio de sintomas que têm um impacto negativo sobre a saúde e as **performances** dos indivíduos. Ele deveria, idealmente, ser levado em conta o mais cedo possível, pois pode ter consequências dramáticas, dentre as quais o infarto do miocárdio e o suicídio[2].

Sua origem é geralmente profissional, mas condições da vida privada podem agravar os sintomas. Aliás, fala-se atualmente em **burnout** de tipo parental ou familiar. A boa notícia é que as chaves propostas para evitar ou conter o **burnout profissional** são igualmente eficazes contra outras formas dele.

7

---

2. As referências a pesquisas estão disponíveis na bibliografia.

To burn out[3] significa "queimar, se consumir por dentro".

As fases

A síndrome do **burnout** se desenvolve pouco a pouco em quatro fases.

➡ 1) FASE DE ENTUSIASMO:

Caracterizada por uma forte motivação, ela é sinalizada por uma necessidade acentuada, até mesmo excessiva, de gratificação pelas tarefas realizadas.

➡ 2) FASE DE ESTAGNAÇÃO:

O entusiasmo do trabalhador desaparece pouco a pouco. Ele se desengaja progressivamente de sua ocupação, principalmente porque não encontra o reconhecimento esperado.

➡ 3) FASE DE FRUSTRAÇÃO:

Marcada pela tendência à desvalorização e pelo desinteresse face às tarefas. Isso pode engendrar conflitos e tensões.

➡ 4) FASE DE APATIA:

Aparecem níveis expressivos de esgotamento e desmotivação. Isso tem repercussões importantes na vida pessoal e social da pessoa.

---

3. Em inglês no original [N.T.].

Os sintomas

Exercício

Marque os sintomas que se manifestam eventualmente:

- [ ] Perda de sentido e de motivação no trabalho
- [ ] Despersonalização e desumanização
- [ ] Sentimento de incompetência e de ineficácia
- [ ] Redução ou desaparecimento da autoestima
- [ ] Transtornos emocionais induzindo a mudanças de atitude: ansiedade, agressividade, frustração, irritabilidade, isolamento, cinismo, absenteísmo...
- [ ] Esgotamento moral
- [ ] Problemas de concentração, perda de memória
- [ ] Cansaço mental e físico, baixa de energia, sobretudo à noite
- [ ] Dificuldade de perceber suas aspirações
- [ ] Dores de cabeça
- [ ] Distúrbios de sono
- [ ] Problemas gastrointestinais
- [ ] Palpitação, pressões no peito
- [ ] Astenia[4]
- [ ] Fibromialgia[5]
- [ ] Pensamentos suicidas

Acrescentemos que o **burnout** difere da depressão, mesmo que essas duas patologias tenham características comuns. Uma pode derivar da outra.

9

---

4. Fraqueza do organismo generalizada.
5. Dores musculares e articulares difusas associadas a distúrbios do sono e do humor.

Às vezes, o **burnout** é difícil de discernir em suas primeiras fases porque uma pessoa pode, apesar do cansaço e dos outros sintomas, se sentir melhor, até mesmo bem, assim que deixa a esfera profissional. Mas, quando os sintomas são evidentes, pode acontecer que já seja tarde demais e isso pode gerar consequências para a vida toda.

Essa patologia é mais reconhecida como um sofrimento profissional do que como uma doença específica.

As causas (ou fatores que favorecem)

Exercício

Sublinhe as causas que atuam eventualmente:

- *Causas profissionais:* excesso de incumbências a terminar, *deadlines* muito curtas, conflito de atribuições, falta de autonomia e de tempo, ausência de gestão, pressão por resultados, salário insuficiente, promessas não cumpridas, sanções sem motivo, falta de feedback, estresses múltiplos (dentre os quais o medo de não conseguir terminar as incumbências nos prazos determinados, de não ter a estima do outro, de errar, de perder o emprego etc.).

- *Causas pessoais:* falta de experiência, falta de autoestima, dificuldade em se adaptar a um novo ambiente ou a afazeres específicos, natureza ansiosa/perfeccionista/depressiva, tendência a se culpar, necessidades — às vezes excessivas — de reconhecimento positivo, dificuldade em aliar a vida privada à vida profissional, divergências entre os valores do trabalhador e os valores da empresa em que trabalha.

O trabalhador, que espera de seu trabalho um crescimento pessoal, uma remuneração justa e relações humanas de qualidade, é frequentemente frustrado porque as empresas impõem geralmente produtividade e lucro em detrimento da preservação do capital humano.

O **burnout** não seria, então, a expressão de um problema social gerado por essa situação?

Para concluir, notemos que, para que um *burnout* se produza, ocorre geralmente o acúmulo de vários dos fatores citados.

Exercício

- Seu gerente está aberto a mudanças, se necessário? ☐ SIM ☐ NÃO
- Você pode entrar em contato com ele com facilidade? ☐ SIM ☐ NÃO
- Há, em sua empresa, uma pessoa designada para a gestão dos recursos humanos? ☐ SIM ☐ NÃO
- Se sim, ela é facilmente acessível para falar das dificuldades vividas no local de trabalho? ☐ SIM ☐ NÃO
- A definição de suas funções e responsabilidades é clara, na sua opinião? ☐ SIM ☐ NÃO
- Você é reconhecido pelo trabalho realizado? ☐ SIM ☐ NÃO
- Seu salário corresponde à sua carga de trabalho? ☐ SIM ☐ NÃO
- Você é ridicularizado em seu local de trabalho? ☐ SIM ☐ NÃO
- Se sim, o gerente intervém? ☐ SIM ☐ NÃO
- Seu chefe pede que você leve trabalho para casa? ☐ SIM ☐ NÃO

Os candidatos ao burnout

As pessoas suscetíveis de serem atingidas por esse mal são frequentemente consideradas como os melhores elementos. Elas são descritas como trabalhadores implicados e entusiastas cujas necessidades de sucesso e de sentido são primordiais e para quem a profissão ocupa um lugar importante; tão importante que alguns deles as colocam na frente da vida familiar. Frequentemente, eles têm dificuldade de dizer não e são sensíveis às avaliações e às opiniões exteriores. Como eles precisam regularmente de que suas capacidades sejam confirmadas, podem, diante de um superior hierárquico avarento em elogios, mergulhar em uma incerteza angustiante. Enfim, como eles buscam realizar o trabalho perfeito, impõem-se frequentemente uma forte pressão para cumprir suas obrigações.

QUEM QUER ASSUMIR ESSE TRABALHO DIFÍCIL?

EU
EU
EU

CANDIDATO AO BURNOUT

Exercício

Anote aqui os traços de personalidade que têm a ver com você.

- _____
- _____
- _____
- _____
- _____
- _____
- _____
- _____
- _____
- _____
- _____
- _____
- _____
- _____

Exercício

A primeira etapa de uma transformação é ter consciência daquilo que vivemos, por isso propomos sete questões a se perguntar regularmente a fim de alimentar a conexão consigo mesmo. Leva só dez minutos! Esse esclarecimento trará alívio e permitirá, mais tarde, que você faça demandas visando transformar ou reparar o que é possível.

- Eu estou em forma, satisfeito, relaxado em meu trabalho?

  _____

- Me sinto instigado, sobrecarregado ou decepcionado por minhas incumbências?

  _____

- Como eu me sinto com meus colegas, meus superiores, meus colaboradores?

  _____

- Me sinto estressado ou relaxado quando cruzo com meu gerente?

  _____

- Eu me sinto à altura do trabalho que me é delegado?

  _____

- Qual é a importância que eu atribuo a meu trabalho em comparação com o restante da minha vida?

  _____

- Eu tenho o reconhecimento positivo que desejo?

  _____

- Tenho clareza do que preciso para cumprir minhas obrigações da melhor maneira?

  _____

A Comunicação Não Violenta® (CNV)

A CNV, aliança entre uma nova maneira de pensar e de se expressar, visa criar relações humanas harmoniosas e agradáveis.

Essa maneira de abordar a vida social defende o abandono de um modo de funcionamento robotizado – pensar, agir – em prol de um modo de funcionamento humanizado – pensar, agir e se conectar com suas vivências e necessidades do momento.

Algumas atitudes derivam dessa escolha, como:

- escutar a si mesmo para se compreender (autoempatia);
- se expressar sem agredir, a fim de buscar compreensão (assertividade);
- tentar compreender o outro (empatia), independentemente de suas maneiras de agir ou de se expressar;
- expressar sua gratidão e dar **feedbacks** construtivos e aceitáveis.

VOCÊ PRECISA DE AJUDA PARA CARREGAR SEUS ARQUIVOS?

Quando, graças a essas atitudes e a uma linguagem que visa auxiliá-las, conseguimos construir um clima de boa intenção mútua, de harmonia intra e interpessoal, assim como uma clareza na comunicação, a qualidade do ambiente social e as **performances** profissionais se dinamizam. __15__

Qualquer relação implica duas partes: si mesmo e o outro. A CNV compreende as interações entre essas duas partes de maneira simples, em quatro etapas de base: observação de um fato, consciência e/ou expressão das vivências, expressão das necessidades, formulação de uma demanda. Dito isso, essas quatro etapas constituem uma base para o esclarecimento, de modo que não devemos dizê-las a cada frase. Depois do treinamento, conseguimos nos expressar de maneira mais natural do que em quatro etapas rígidas!

No que concerne à prevenção do **burnout**, nós exploraremos principalmente estas três chaves:

1) A APRECIAÇÃO POSITIVA
ou a capacidade de identificar e dizer pontos positivos, de maneira concreta;

2) A AUTOEMPATIA
ou a capacidade de se escutar para se conectar consigo mesmo, a fim de se preservar;

3) A ASSERTIVIDADE
ou a arte da afirmação de si, nomeando suas vivências e suas necessidades e formulando demandas em função delas.

Atenção!

Se, ao realizar os exercícios propostos, você perceber sinais de *burnout*, nós recomendamos que procure a ajuda de um profissional de saúde. Esse sofrimento necessita de acompanhamento médico e, se possível, psicológico.

As quatro etapas do processo da CNV

1 Observação de fatos

Descreve-se de maneira factual o que foi dito, vivido, desencadeado, sem julgamentos nem avaliação. Quando costumamos fazer muitos julgamentos ou queixas, a simples observação de um fato tem um impacto triplamente benéfico: ela nos acalma, ameniza nosso interlocutor, permite verificar se temos a mesma lembrança que ele, e isso protege a qualidade da relação.

Sem o domínio dessa etapa é impossível começar um diálogo que leve à compreensão mútua. No entanto, ela não é tão simples de realizar quando estamos com raiva!

> "A capacidade de observar sem avaliar é a mais alta forma da inteligência humana!"
> (Jiddu Krishnamurti).

Em uma observação, citamos fatos concretos, como uma câmera poderia fazer.

Exercício

Marque nas frases a seguir aquelas que são simples observações e reescreva as que contêm avaliações (julgamentos) a fim de transformá-las em observações puras:

☐ 1) O regulamento prevê que se esteja às 8h30 em seu local de trabalho. Ontem, você chegou às 9h.

_____

_____

☐ 2) Quando eu faço uma apresentação, você não liga e não para de me interromper.

_____

_____

☐ 3) Quando meu chefe me pediu para arrumar a sala ontem, ele não falou "por favor".

_____

_____

☐ 4) Ontem, um cliente me falou: "Sua empresa nos engana!"

_____

_____

☐ 5) Assim que o chefe vira as costas os aproveitadores aparecem!!

_____

_____

Respostas:

As frases 1, 3, 4 e 7 são observações.

2) Durante minha apresentação de quinta-feira, você enviou cinco mensagens e me interrompeu três vezes no meio de uma frase.

5) Quando o chefe tem uma reunião, Marcos e Sofia entram no Facebook.

6) Há dez dias, meu gerente não me cumprimenta quando chega de manhã e não me olha quando fala comigo.

9) Tem três manchas de gordura na sala de reunião.

☐ 9) Mais uma vez, nós limpamos mal a mesa da sala de reunião!

☐ 8) Há horas meu diretor agride um cliente!

☐ 7) Há cinco manchas de café na mesa da sala de reunião.

☐ 6) Meu gerente não me respeita!

2 Conscientização e/ou expressões das vivências

Nós tomamos consciência do que sentimos[6] (sensações, sentimentos, emoções; em uma palavra: as vivências, no contexto
observado).

No local de trabalho, nomear nossa vivência é algo a ser
feito com moderação, ou mesmo a ser evitado, devendo de
todo modo se adequar ao contexto. É possível expressar nossa
vivência, mas o essencial é ter consciência dela. Não necessariamente nomeá-la.

Em qualquer circunstância, prefira "eu sou" a "eu me sinto"!

Exercício

Marque na lista de adjetivos abaixo os sentimentos que parecem
úteis no contexto do trabalho:

- ☐ surpreso;
- ☐ perplexo;
- ☐ chocado;
- ☐ espantado;
- ☐ contrariado;
- ☐ triste;

- ☐ angustiado;
- ☐ desconfiado;
- ☐ ultrajado;
- ☐ sem palavras;
- ☐ manipulado;
- ☐ explorado;

- ☐ dividido;
- ☐ importunado;
- ☐ hesitante;
- ☐ em questionamento;
- ☐ perdido;
- ☐ confuso...

6. Conferir anexo final com a lista de sentimentos.

3 Expressão das necessidades

A palavra necessidade[7] fala, aqui, de aspiração, de desejo, de sonho. Uma necessidade remete ao que nós procuramos em uma dada situação. Em uma palavra: é o que nos faz levantar de manhã. Ela se enuncia em termos positivos, abstratos, universais e não implica uma pessoa e uma ação em particular.

Exemplos:

Eu preciso de segurança, de descanso, de escuta, de expressão, de pertencer a uma comunidade, de me realizar...

Para a CNV, nenhuma necessidade é melhor ou "menos boa" do que outra. Há simplesmente o que está vivo, em si mesmo ou no outro, no momento presente. Às vezes, será uma necessidade de aprender, de realizar nosso potencial, de comer, de dormir, de nos distrair. Em outras ocasiões, nós teremos vontade de compreender, de esclarecer uma situação, de solidão, de partilha... As necessidades são essenciais para a conscientização porque elas representam a raiz de nossas vivências, agradáveis ou não: se nossas necessidades são satisfeitas, temos vivências agradáveis e, se elas não o são, experimentamos momentos desagradáveis.

21

---

7. Conferir o anexo final com a lista das necessidades fundamentais.

Exemplo:

Se sua necessidade de resolver um problema complexo é satisfeita, você se sentirá relaxado, confiante.

Exercício

Interrompa sua leitura e investigue quais são as necessidades satisfeitas e insatisfeitas durante essa leitura. Em seguida, detecte seus principais sentimentos/ sensações segundo a satisfação ou insatisfação dessas necessidades:

_____

_____

_____

_____

_____

_____

_____

_____

_____

_____

_____

_____

_____

_____

Respostas possíveis

Necessidades satisfeitas: aprendizado, compreensão de si, esperança de se preservar melhor...

Necessidades insatisfeitas: movimento, distração, relaxamento...

Vivências correspondentes às necessidades satisfeitas: alegre, tranquilizado, interessado, esclarecido.

Vivências correspondendo às necessidades insatisfeitas: frustrado, dolorido...

4 Formulação de uma demanda

A demanda visa satisfazer uma necessidade detectada. Ela é fundamental, pois permite que uma situação avance para soluções e ações. Ora, em muitos casos, nós não fazemos demandas concretas e claras. Isso pode engendrar estagnação, clima ruim e lentidão das **performances**.

Dito isso, em CNV, como nós zelamos primeiramente por privilegiar a conexão e a relação:

• em 90% dos casos, uma demanda CNV será uma demanda de "dizer";

• em 10% dos casos, uma demanda será em seguida uma demanda de "fazer", portanto, de ação.

Esse ponto-chave da CNV – criar a conexão – é capital, pois muitas interações da vida corrente acabam mal porque estão orientadas demais para o "resultado", sem se dar o tempo de aperfeiçoar a relação e a ação pensada para os diferentes interlocutores.

Quando a gente se conhece, se escuta e se aprecia, tudo é simplificado!

É a razão pela qual muitas empresas organizam reuniões de **team building**[8], encontros amigáveis etc.

23

---

8. Em inglês no original [N.T.].

Exercício

Marque as frases que representam demandas visando reforçar o diálogo. Risque as frases que não reforçam a conexão.

☐ 1. Você concordaria em me dar seu feedback em relação ao que eu acabei de dizer?

☐ 2. Agradeço se você não me contrariar mais sobre esse assunto, estou saturado!

☐ 3. Você concordaria em me dizer suas prioridades concernentes ao que eu acabei de expor?

☐ 4. Você concordaria em me dizer o que lhe parece essencial no que eu apresentei?

☐ 5. Você concordaria em arrumar os documentos agora?

☐ 6. Não discuta sobre cada decisão tomada!

☐ 7. Você concordaria em me dar sua opinião sobre o que eu acabei de dizer?

☐ 8. Você concordaria em me dar uma ajuda amanhã de manhã, de 8h às 9h?

☐ 9. Você concordaria em me dizer como você se posiciona em relação ao que estou expondo?

Respostas:

As frases 1, 3, 4, 7 e 9 favorecem a conexão. As frases 5 e 8 são demandas de ação. As frases 2 e 6 não reforçam a conexão.

Enfim, no plano gramatical, uma demanda CNV comporta seis critérios. Ela é feita em termos concretos, positivos e realizáveis, concerne ao momento presente (ou a um futuro próximo), implica uma ou várias pessoas e deixa a possibilidade de escolha.

24

Exemplo:

Se você quiser (deixando escolher), eu gostaria que você (implica o outro) me citasse (termo positivo e no presente) uma coisa (concreto e realizável) que eu fiz e que você apreciou.

Exercício

Estas demandas contêm os seis critérios listados acima? Em caso contrário, imagine um contexto e complete o necessário:

1) Você concordaria em deixar de comer petiscos no escritório?

_____

_____

2) Você poderia buscar um pacote de folhas para a máquina de xerox?

_____

_____

3) Você concordaria em ser mais assertivo na próxima apresentação?

_____

_____

4) Alguém gostaria de me ajudar?

_____

_____

5) Você concordaria em me confirmar a hora em que vai chegar amanhã?

_____

_____

Respostas:

1) Você concordaria em comer fora do escritório hoje?

2) Precisar "antes das 16h".

3) Transformar "assertivo" em transformação concreta: você concordaria em olhar as pessoas nos olhos quando fala com elas?

4) Haveria três pessoas disponíveis para me ajudar? Se for o caso, agradeço se levantarem a mão.

5) Contém os cinco critérios CNV.

Canto do bom-senso

1) Uma demanda CNV concerne a um presente próximo porque nós temos consciência de que uma demanda que se prolonga no tempo corre o risco de ser esquecida em algum momento, o que poderia suscitar novas tensões. Assim, preferimos reiterar uma demanda em vez de correr o risco de um conflito provocado pelo esquecimento.

2) Se uma demanda não deixa oportunidade de escolha, ela se torna uma exigência!

   Assim, se nós fazemos uma demanda e, quando a pessoa nos diz não, nos ressentimos ou fechamos a cara, isso mostra que nossa demanda era, na realidade, uma exigência encoberta... Nesse caso, melhor mostrar claramente a que veio! *Faça isso, e ponto final!*

   A CNV não é um conjunto de palavras certinhas "como devem ser", mas uma ética de vida na qual buscamos ser, ao mesmo tempo, bem-intencionados e resolutos.

As três atitudes CNV para se proteger do burnout

1 A apreciação positiva e a autoapreciação

A apreciação positiva, sincera, concreta e personalizada é um fator-chave para dinamizar a produtividade e a saúde. Ela estimula cada um a dar o melhor de si mesmo. Os empregados/operários têm uma necessidade real de reconhecimento autêntico e de um **feedback** concreto e benevolente quanto ao trabalho realizado. Mas esta é uma atitude muito pouco difundida na maioria dos contextos profissionais. O bordão dos trabalhadores é: "Só falam conosco quando as coisas não vão bem!" Com efeito, em geral, nós somos mais condicionados a apontar o que sai dos trilhos do que a se dar o tempo de expressar os bons resultados!

Aliás, no plano psicológico, ouvir uma apreciação positiva estimula a ocitocina (hormônio que contribui para o bem-estar, a confiança, a empatia e a redução do estresse) de todos: tanto naquele que a expressa quanto naquele que a recebe, ou ainda naquele que a testemunha!

SÓ FALAM CONOSCO QUANDO
AS COISAS NÃO VÃO BEM!

Alguns gerentes lucrariam em saber que expressar reconhecimento positivo favorece tanto a saúde das empresas quanto
a deles. Com efeito, "dez minutos de gratidão sentida esti-
mulam no organismo daquele que expressa seu reconhecimento
positivo por volta de mil e trezentas substâncias químicas
favoráveis à saúde" (Joe Dispenza).

Mas como fazer, concretamente?

Uma apreciação vaga ou geral não é o que nos motiva melhor.
A gratidão que motiva realmente um indivíduo comporta três
etapas essenciais:

1) a observação concreta de um ou vários fatos;

2) a expressão e a sensação de nossa vivência quando pensamos
nos fatos citados;

3) a expressão de nossas necessidades satisfeitas.

Exercício

Marque a resposta correta:

• Se você é trabalhador, o que você estima ser mais claro, aceitável, estimulante e instrutivo para você?

☐ *Você é um bom elemento!!*

Ou

☐ *Quando eu soube que você consertou uma impressora quebrada sem chamar um técnico (observação), eu fiquei admirado e agradecido (vivências) porque eu preciso contar com as iniciativas dos empregados e economizar tempo e energia (necessidades).*

• Se você é gerente, o que você prefere ouvir?

☐ *Você é um chefe simpático!*

Ou

☐ *Quando eu me lembro que no fim do ano você enviou uma mensagem personalizada para cada membro da equipe, eu me sinto contente porque, no meu trabalho, eu aprecio o contato pessoal e ser visto como um ser humano.*

Em seguida, formule uma apreciação..

• Para um colega::

Quando eu penso no momento em que você ...., eu me sinto ...., porque isso satisfaz em mim a necessidade de ....

• Para um gerente:

Quando eu penso no momento em que você ...., eu me sinto ...., porque isso satisfaz em mim a necessidade de ....

Agora, exerçamos a autoapre
ciação, fator anti-**burnout** n
sentido em que somos nós qu
devemos nutrir prioritaria
mente nossa estima pessoa.
Contudo, em vez de preenche.
esse vazio, muitos candidatos a
burnout trabalham sempre mais
a fim de obter de seus supe
riores hierárquicos a estim
pessoal que lhes falta.

O fato de praticar essas etapas consigo mesmo mostra, d
maneira concreta, o que conseguimos. E cultivar uma estima d
si saudável estimula a energia vital e a estabilidade emociona

Exercício de autoapreciação

Quando eu penso no momento em que eu ....,
eu me sinto ...., porque isso satisfaz em
mim a necessidade de ....

Quando nós expressamos nossa apreciação positiva pela obser
vação de um fato concreto, ela se torna mais aceitável por se
irrefutável. Por outro lado, como uma apreciação do gêner
"Você é o melhor!" não se refere a nenhum ato em particula.
isso dinamiza menos a pessoa, ajuda-lhe menos a saborear
apreciação, até mesmo a enquadra em um conjunto de genera
lizações estereotipadas...

Para concluir, tenhamos consciência de que nós não nos damos tempo suficiente para perceber toda a atenção que dedicamos uns aos outros!

As pequenas atenções fazem as grandes relações.

2 A autoempatia ou se escutar para se preservar

Às vezes, um **burnout** já está bastante avançado quando percebemos que estamos desmotivados e esgotados. Após uma educação cheia de injunções do gênero: "pare de reclamar", "não perturbe os outros com os seus problemas", "seja forte" etc., nós nos tornamos mestres na arte de subestimar nossas vivências desagradáveis, convencendo-nos de que "vai melhorar amanhã, vai passar...".

Contudo, se tivéssemos mais consciência do que nos habita (sentimentos, sensações) e de onde isso vem (necessidades), nós poderíamos nos proteger melhor dos incidentes da vida. Uma das causas principais do **burnout** é que nós não temos consciência o bastante do que sentimos.

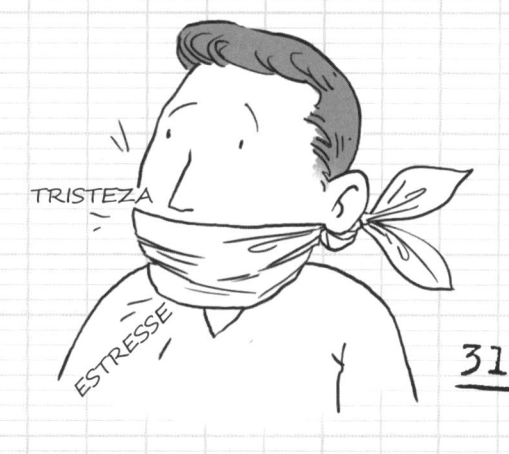

TRISTEZA

ESTRESSE

No trabalho, acontece de recomendarem aos empregado
deixar nos vestiários, junto com os pertences, os próprio
sentimentos!

Para prevenir o **burnout**, é indispensável tomar consciência d
nossas vivências desagradáveis assim que elas aparecem!

Com efeito, quando um médico toma a decisão de nos colo
car em licença do trabalho, com frequência já estamos muit
avançados em nosso processo de esgotamento. Termos cons
ciência de nossas vivências a cada momento nos permitir
reagir antes de sermos colocados em licença.

Aliás, se nós nos desligarmos de nossas vivências desagradá
veis, como poderemos detectar as necessidades insatisfeitas
E, enfim, como fazer demandas adequadas se não conhecemo
nossas necessidades?

Exercício

Pare sua leitura e tire um tempo para sentir o que está acontecendo em você. Você pode escanear seu corpo de alto a baixo, a fim de identificar as microssensações que o habitam. É importante não esperar que seu corpo doa demais para finalmente ouvi-lo!

Também é bom identificar as vivências agradáveis, a fim d
saboreá-las, pois isso aumenta a nossa energia vital!

As quatro etapas da autoempatia:

1) observação ➡ notar os fatos da maneira como aconteceram;
2) vivências ➡ esclarecer e sentir nossas vivências;
3) necessidades ➡ detectar as necessidades que originam essas vivências;
4) demanda ➡ a ser formulada em função de nossas necessidades insatisfeitas, a fim de criar aquilo que desejamos ou a fim de melhorar, na medida do possível, uma situação que não nos convém.

A autoempatia permite nos conectar conosco e nos esclarecer para reagir de maneira construtiva, e antes que seja tarde demais, no caso de uma situação ser insuportável para nós.

No entanto, no mundo do trabalho, ouvimos tiradas do gênero: "sem emoção, apenas o factual". E as vivências são consideradas inapropriadas ou ladainha... Felizmente, notadamente graças ao avanço das neurociências, descobrimos cada vez mais que o custoso é justamente não conhecer nossa interioridade. E ignorar ou banalizar as vivências de cada um: colega, chefe, subordinado...

Contudo, muitos trabalhadores obrigados a reprimir suas próprias vivências acabam sujeitos a tratamentos para doenças crônicas. E isso poderia ter sido evitado se eles tivessem aprendido a se ouvir e a cuidar de seus estados emocionais. Se nós tirássemos apenas três minutos durante o dia, ou depois de uma situação difícil, para nos perguntarmos "como eu me sinto e o que eu desejo?", nós aliviaríamos consideravelmente nossas tensões.

Dito isso, acrescentemos que, quando falamos de sentimentos, é meloso demais nos afundarmos neles ou sermos condescendentes.

Nossas vivências devem ser tomadas somente como sinais de alarme que nos ajudam:

➡ **A NOS PRESERVAR;**

➡ **A DESCOBRIR NOSSAS NECESSIDADES INSATISFEITAS;** <u>33</u>

➡ **GRAÇAS À DESCOBERTA DE NOSSAS NECESSI-**
   DADES, A DETERMINAR COM PRECISÃO OS ATOS A
   REALIZAR.

Escutar a nós mesmos permite que nos respeitemos para aguen
tar o dia a dia. Se não for possível nos [fazer] respeitar ime
diatamente, ao menos teremos consciência do que nos habita
a fim de que isso não nos sobrecarregue.

Conhecer nossas vivências evita que nos tornemos panelas d
pressão!

Resumindo, a autoempatia consiste em nos perguntarmos dua
questões e em permanecermos junto a elas até percebermos ur
alívio, uma clareza ou um relaxamento:

➡ COMO EU ME SINTO AGORA?

➡ O QUE EU DESEJO NESSA SITUAÇÃO?

Exercício

Imagine que você está atrasado na entrega de alguns relatórios. Você sente a tensão subir. Faça uma pausa, respire profundamente e busque suas vivências e necessidades nessa situação.

_____

_____

_____

_____

_____

_____

Respostas possíveis:

Sentimentos: medo, decepção, raiva...

Necessidades: respeito pelos prazos, melhor organização, harmonia, relaxamento, autoestima...

Exercício

No caso de uma situação profissional difícil (feedback negativo de um gerente, colega crítico, número reduzido de funcionários). Vá a um lugar onde você não será incomodado (carro, sala de reunião, banheiro). Respire profundamente cinco vezes para criar o vazio interior. Em seguida, pense na situação e tome nota:

• **Observações:**

_____

_____

_____

_____

• **Vivências:**

_____

_____

_____

_____

• **Necessidades:**

_____

_____

_____

_____

• **Demanda que você poderia fazer a si mesmo ou a alguém, para se encaminhar em direção à satisfação de uma de suas necessidades:**

_____

_____

_____

_____

Quatro noções essenciais

1) Descobrir todas as nossas necessidades

Os sinais de nossas ligações com necessidades essenciais podem ser: relaxamento, alívio, volta da energia, *haha* interior. Com efeito, é nosso corpo manifestando da maneira mais fiel aquilo que nos é precioso!

Notemos também que temos necessidades diferentes e, quanto mais as conhecemos em seu conjunto, mais nos tornamos claros e potentes.

Uma necessidade esconde outra!

É você quem deve detectar suas necessidades variadas, das mais visíveis às menos.
Exemplo: Imaginemos que você descobriu uma necessidade de *feedback*.
Pergunte a você mesmo: "Se essa necessidade for satisfeita, que possibilidades eu ganho?"
Por exemplo:
"Compreender como posso melhorar."
Com a nova necessidade detectada (compreender como melhorar), pergunte-se de novo: "Se essa necessidade for satisfeita, que possibilidades eu ganho?"
"Fazer melhor o meu trabalho."
Com a nova necessidade detectada (realizar um trabalho de qualidade), pergunte-se de novo: "Se essa necessidade for satisfeita, que possibilidades eu ganho?"
"Me sentir satisfeito e dinamizado com aquilo que realizei."
Quando nós conhecemos e experimentamos todas as nossas necessidades, sobretudo as que nos remetem a desejos profundos que não implicam o outro, aumentamos nossas chances de tocar a humanidade da pessoa que nos ouve.
Exemplos de aspirações profundas:

- fazer um trabalho de qualidade;
- realização.

2) Lidar com feedbacks negativos

No caso de um feedback negativo vindo de um superior hierárquico, a autoempatia é muito reconfortante, pois nunca é fácil ouvir um comentário negativo.

Dito isso, depois de darmos a nós mesmos uma autoempatia de urgência, convém a introspecção, analisar objetivamente o que nos foi dito: o *feedback* se justifica ou não?

- Se for justificado, no todo ou em parte, fortalecerá nossa força interior.

A perfeição começa com a tomada de consciência de nossas imperfeições!

- Se for injusto, uma autoapreciação objetiva nos acalmará, nos ajudando a encontrar em nós a estima que precisamos para atravessar esse desafio.

Exercício

Tome nota de três conquistas profissionais, detecte e note suas vivências agradáveis, depois se deixe senti-las. Anote em seguida suas necessidades satisfeitas em cada uma dessas situações.

Em todos os casos, evite se ver como uma vítima, pois isso só trará tensões, perda de energia e de poder pessoal.

3) Reduzir nossas tensões

Acolher nossas vivências e descobrir nossas necessidades insatisfeitas nos tranquiliza, mesmo que a situação não mude. Dito isso, se continuamos estressados ou incomodados, isso significa que não detectamos ainda nossas necessidades. Pode ser também que tenhamos apenas feito a análise intelectual de nossas vivências, sem nos oferecer uma compreensão benevolente.

Exercício

Pense em um momento agradável e em um momento desagradável vividos recentemente. Ao se lembrar do momento prazeroso, se dê realmente o tempo de saborear suas vivências. E, com a lembrança desprazerosa, interrogue a si mesmo quanto às suas vivências e necessidades.

Aja consigo mesmo como se fosse com uma criança triste que você acolhe.

COMO EU ME SINTO?

Isso deve se tornar tão natural quanto escovar os dentes! Aliás, dedique esse momento do dia ao exercício...

4) Permaneça atento

Se você tem dificuldade de se escutar, se sente culpado ou se percebe incapaz de desacelerar, você pode estar vivendo o início de um *burnout*. Nesse caso, fale com um médico que possa ajudar você a se dar autorização para fazer pausas, para aprender a se escutar, até mesmo reduzir a cadência de suas atividades. Isso é preferível a uma licença prolongada, tirada em função de um esgotamento excessivo.

3 A assertividade ou a afirmação de si, de suas necessidades

Uma vez que você tenha descoberto suas vivências e necessidades em uma situação específica, é essencial se expressar com clareza, firmeza e boa intenção! Isso não é nem fácil nem necessariamente habitual!

Eu falo por minhas necessidades, não contra o outro!

As críticas e os ataques semeiam o medo, a discórdia e a desconfiança. Isso engendra desmotivação, dissimulação e mentira.

> *"Cada julgamento é a expressão trágica e desajeitada de uma necessidade"*
> (Marshall B. Rosenberg).

Transformar nossos julgamentos na expressão de nossas necessidades preserva a harmonia social, o capital humano, o engajamento no trabalho e, portanto, a produtividade das empresas.

Para nos fazermos ouvir, o essencial é nos concentrarmos naquilo que queremos, não naquilo que pensamos ser o erro do outro!

SE EU ENTENDI BEM, VOCÊ TEM TRABALHO DEMAIS E NÃO AGUENTA MAIS!

Se nós nos expressamos de maneira que o outro ouça uma crítica, reduzimos a zero nossa chance de obter o que queremos ainda que a crítica seja fundamentada.

Ao nos expressarmos por nossas necessidades, sem criticarmos os outros (mesmo em silêncio, em nossas cabeças), temos mais chances de estimularmos a compreensão mútua, a confiança e a solidariedade, que são antídotos contra o **burnout**.

A partir da consciência de nossas necessidades, é fundamental formular demandas em função delas (ou das necessidades detectadas em alguém ou na empresa). Isso reduz a passividade, o risco da imprecisão, a baixa de energia e a desmotivação. Quando, tomando decisões concretas, cada um se sente considerado naquilo a que dá valor, as equipes atingem **performances** melhores.

Uma ação estabelecida em função das necessidades de todos, inclusive as da empresa, será mais bem adaptada às necessidades do conjunto do que decisões tomadas sem se ter considerado suficientemente todos os elementos em jogo.

A demanda é capital, pois ela leva nossas necessidades em conta e nos permite sair melhor de uma situação difícil. E pode ser repetida, evoluir e se renovar.

Exemplo:

Seu gerente disse que o relatório anual estava mal feito, sem mais explicações. Você considera que esse **feedback** é vago e não se justifica, decidindo se expressar da maneira CNV.

ESTÁ MAL FEITO!

Observações: meu gerente me disse que meu relatório está mal feito.

Vivências: irritação, questionamento, decepção.

Necessidades: clareza, precisão quanto ao **feedback**, aprendizado.

Expressão, incluindo observações, vivências, necessidades e demanda:

"Depois de ler meu relatório, você me disse que ele estava mal feito (**observação**). Eu me irritei (**vivência**), pois dediquei cinco horas a ele e verifiquei minhas referências (**observação**). Além disso, eu me questiono (**vivência**) e preciso de clareza quanto ao que precisa melhorar. Você concordaria em me mostrar as partes que considera imperfeitas (**demanda**)? Isso me ajudaria a fazê-lo melhor da próxima vez (**necessidade**)."

41

Canto do bom-senso

1) É possível que, depois de sua colocação assertiva, digam a você: "Eu não preciso me justificar". Nesse caso, autoempatia de urgência! Tal reação pode se explicar pelo cansaço ou a pressão que seu gerente sofre. Contudo, se a recusa de esclarecimento se repetir, fale com o departamento de relações humanas, um outro gerente ou a medicina do trabalho. Com efeito, as críticas repetitivas, imprecisas ou incompreendidas podem contribuir para um *burnout*.

2) Se necessário, fale de suas dificuldades com uma pessoa próxima ou um terapeuta. Isso contribuirá para reduzir suas tensões à condição que você limite o tempo da conversa. Senão, há um risco de ser tomado pela indignação e vitimização.

> *"Dez minutos de sensações desagradáveis trazem para o nosso corpo a secreção de mais de mil e duzentas substâncias químicas desfavoráveis à saúde"* (Joe Dispenza).

3) Como é raro poder satisfazer todas as nossas necessidades, selecionaremos aquelas que nos parecem mais importantes de serem nomeadas, ou mais aceitáveis, no começo de uma troca com o outro.

4) A fim de não nos consumirmos por dentro, é saudável expressarmos nossa posição. Mas, por medo de não encontrarmos as palavras, de chocarmos o outro, de incompreensão... acontece de nos calarmos[9].

---

9. Sobre isso, leia *Je m'exprime avec fermeté et bienveillance* [Eu me expresso com firmeza e boa intenção], de Anne van Stappen. Jouvence, 2018.

Exercício

Você é assistente em uma sociedade de administração diretiva onde é malvisto falar dos sentimentos. Seu gerente encaminhou várias tarefas para você, todas prioritárias, e você não consegue terminá-las. A cada vez que ele passa perto de sua mesa você se angustia, pois teme que ele aumente a pilha. Você chega a chorar.

• **Observações:**

_____

_____

_____

_____

• **Vivências:**

_____

_____

_____

_____

• **Necessidades:**

_____

_____

_____

_____

• **Expressão em quatro etapas** (observação, vivências, necessidades, demanda)::

_____

_____

_____

_____

Respostas possíveis:

Observações: *meu gerente me deu cinco dossiês a gerir e cada um exige uma hora de trabalho.*
Obs.: Será de grande ajuda anotar de maneira factual as tarefas pedidas, identificando as etapas e avaliando o tempo necessário para realizá-las (você pode listar essas tarefas em um documento do Excel).

Vivências: estresse, perplexidade, raiva...

Necessidades: *consideração pelos meus limites, realismo, clareza em relação às prioridades, segurança de conseguir efetuar ao menos as tarefas prioritárias, com calma e em um ritmo humano, ousar expressar meus limites...*

Sugestão de expressão:
"Quando eu faço um balanço das tarefas demandadas nesta semana e avalio a duração delas, vejo meu Excel (observações), fico perplexo (vivência) quanto à minha capacidade de realizá-las no tempo que me resta sem deixar de respeitar o cuidado com que gosto de fazer meu trabalho (necessidades)..
Eu gostaria de ter mais clareza (necessidade) em relação às prioridades, pois não tenho certeza (vivência) de conseguir efetuar todas essas tarefas com a atenção que eu gosto de dedicar a elas (necessidades)..
Você concordaria em me comunicar a ordem na qual devo realizar essas tarefas (demanda)? Eu gosto de fazer o meu melhor (necessidade) e, para tanto, conhecer o grau de urgência de cada demanda. Eu gostaria também de ser informada das consequências, caso eu adie algumas delas para a semana que vem (demanda)."

Exercício

Você trabalha em um open space *(um local aberto). Três colegas conversam e você não consegue se concentrar. Você comete erros e se atrasa em seus dossiês.*

• **Observações:**

_____

_____

_____

_____

• **Vivências:**

_____

_____

_____

_____

• **Necessidades:**

_____

_____

_____

_____

• **Expressão em quatro etapas (observação, vivências, necessidades, demanda):**

_____

_____

_____

Respostas possíveis:

Observações: seus colegas conversaram perto de você, de 8h30 às 9h e de 11:30 às 12h

Vivências: irritação, abatimento.

Necessidades: calma, realização de suas tarefas, consideração pelos outros...

Expressão:
"Eu ouvi vocês conversando por duas vezes no open space. Quando há conversas (observação), eu não sei me concentrar e preciso de calma para fazer o meu trabalho (necessidade). Vocês concordariam em ir conversar em outro lugar, como perto da máquina de café (demanda)?"

Canto do bom-senso

1) Leve em conta o contexto: se você trabalha em uma empresa onde falar de suas vivências é malvisto, não as compartilhe.

2) Aqui, nós sugerimos apenas o início de uma interação destinada à expressão de suas necessidades e demandas. Este caderno visa dar força para que você cuide de si. Ele não pretende substituir uma formação em comunicação! Na maioria dos casos, será necessário reforçar o conhecimento de suas necessidades assim como sua assertividade, e igualmente dominar a empatia para levar da melhor maneira esse tipo de interação, considerando a necessidade de todos...

Exercício

Um colega que passa por dificuldades familiares interrompe seu trabalho para falar do que está vivendo. Você acaba se atrasando em suas tarefas.

• Observações:

• Vivências:

• Necessidades:

• Expressão em quatro etapas (observação, vivências, necessidades, demanda):

Resposta possível:

"Eu entendo que você esteja passando por dificuldades (observação), eu gostaria de conversar com você sobre isso (necessidade); ao mesmo tempo, eu estou uma hora atrasado no meu trabalho (observação) e isso me angustia (sentimento), pois eu gosto de respeitar os prazos (necessidade). Eu proponho que almocemos juntos amanhã para conversarmos mais (demanda de ação). Como eu estarei mais relaxado (vivência), poderei escutar você com mais atenção (necessidade)."

Canto do bom-senso

É possível que, nesse momento, a pessoa insista em continuar. Então, você terá ainda mais dificuldades para estabelecer limites! Para conseguir, respire profundamente e lembre-se de que você tem o direito de ter necessidades e de repeti-las se necessário! Como tudo se percebe, você será ainda mais respeitado por estar em paz consigo mesmo, sem deixar de ser cuidadoso com o outro.

Canto do bom-senso

1) Se você decidir ser assertivo, escolha seu momento. Por exemplo, se está com raiva, espere se acalmar; se está confuso, tome o tempo de resolver a ambiguidade etc., a fim de expressar seus desejos com ponderação e firmeza, o que é impossível se você está frustrado ou muito crítico.

EU PRECISO FAZER MEU TRABALHO CORRETAMENTE. VOCÊ PODE COLOCAR AS PANELAS EM OUTRO LUGAR?

2) Pode acontecer de, mesmo que você cite fatos concretos, reagirem agressivamente a seus comentários. Uma ajuda para acalmar a situação é falar com a atenção focada em suas necessidades. Tudo se sente, portanto, se você reclama interiormente; mesmo que suas palavras sejam "politicamente corretas", suas ruminações serão percebidas e isso reduzirá suas chances de ser compreendido!

3) A maior parte de nossa comunicação passa por nossa postura, nosso tom de voz e o ritmo de nossas palavras. O comportamento paraverbal (o que o corpo expressa) é mais percebido do que nossas palavras. Se nós tivermos uma linguagem harmonizada com nosso paraverbal, daremos melhor impressão. Cuide de seu paraverbal a fim de se afirmar sem agredir!

4) Para evitar um *burnout*, é essencial se dar limites, por exemplo, quando::
• estamos sobrecarregados pelas tarefas a serem feitas;
• estamos estressados com a ideia de que o trabalho pedido saia de nosso campo de competências;
• somos tratados de uma maneira que estimula nossa sensibilidade.

5) Como os candidatos ao *burnout* têm dificuldade em dizer não, é útil que eles sustentem seu "não" pela nomeação de suas necessidades, pois aumentarão as chances de serem ouvidos. Assim, se você tem medo de contrariar o outro, diga-lhe simplesmente:
• *"Eu tenho medo de que você me leve a mal ou que se decepcione; ao mesmo tempo, queria dizer que..."*
• *"O que eu vou dizer tem a ver com minhas necessidades, não visa você, mesmo se você está envolvido..."*

6) As palavras "mas", "contudo" e "no entanto" anulam o que precede e tornam o esforço inútil. Prefira: "e ao mesmo tempo",

"dito isso". Por exemplo: "Eu compreendo que você esteja assoberbado e, ao mesmo tempo, já tendo três dossiês a gerir, não desejo assumir mais um."

Evite: "Eu compreendo que você esteja assoberbado, mas eu tenho três dossiês a gerir."

Se algumas pessoas levam a mal o fato de que você estabelece seus limites, saiba que você não é nem responsável nem culpado pela reação do outro. Você é responsável apenas por três elementos:

- suas intenções: por exemplo, permanecer bem-intencionado;
- suas ações a serviço de suas intenções: por exemplo, se expressar em função de suas necessidades e não contra o outro;
- suas reações às reações do outro: por exemplo, permanecer gentil, mesmo que insultem você!!

7) Acontece de ignorarmos a vivência de alguém. Uma dificuldade familiar, pressões importantes da parte de um chefe etc., podem explicar reações  inesperadas. Apesar disso, nos manter assertivos nos ajuda a nos fazer respeitar na selva do trabalho.

Casos particulares
Os gerentes ditos "difíceis"

Caso n. 1: Um gerente vive desafios grandes, a ponto de estar em um pré-**burnout**

Dificilmente ele poderá se preocupar com o outro. Como o (pré) **burnout** se expressa com frequência pelo cinismo, a agressividade, o cansaço etc., o chefe corre o risco de se tornar autoritário, debochado...

Nesse caso, se conectar com suas vivências e necessidades é vital.

Exercício

Pense em uma frase cínica ou agressiva que seu chefe disse a você e conecte-se consigo mesmo pela autoempatia.

Quando meu chefe me diz...

_____

_____

Eu me sinto, eu fico...

_____

_____

Porque eu preciso, eu gostaria...

_____

Eu decido... (ação que poderia ajudar você nesse tipo de situação)

_____

_____

Caso n. 2: Um gerente que coloca pressão para orientar e trabalhar

Ele considera que se deve sempre pedir mais e nunca experimentou uma administração tranquila e/ou cuidadosa. Para ele, é inconcebível trabalhar sem tensão.

Exercício

Pense no que você poderia dizer para se afirmar se seu chefe pedisse quatro tarefas suplementares às 17h.

Quando você me pede para revisar quatro dossiês às 17h...

_____

_____

Eu me sinto, eu fico (dizer seu sentimento sem críticas, mas com firmeza...)

_____

_____

Porque eu gostaria...

_____

_____

Opte por uma estratégia que poderia satisfazer suas necessidades nesse tipo de situação:

Você concordaria em...

_____

_____

Caso n. 3: Um gerente que se preocupa em afirmar sua autoridade

Enquanto chefe, ele não tolera que suas decisões sejam contestadas. Segundo ele, um gerente não deve jamais mostrar suas fraquezas! Ele parece seguro, mas, na realidade, falta-lhe confiança, e seu medo, às vezes inconsciente, de ser visto como incompetente o impede de aceitar ser desafiado por quem quer que seja.

Exercício

Na sua opinião, nesse tipo de situação, é melhor:

☐ 1) se dar autoempatia?

☐ 2) se afirmar com assertividade?

☐ 3) expressar sua apreciação positiva de uma ação meritória feita pelo chefe?

☐ 4) ter empatia por esse chefe, mas sem se deixar abusar?

Respostas:
A solução 1 é, de longe, a preferível.
As soluções 3 e 4 podem ajudar em certos casos, sem se rebaixar para tanto!
A solução 2 é arriscada!

Caso n. 4: Um gerente incapaz de empatia

Ainda que a empatia seja ensinada com frequência nas formações de gerência, o objetivo é sobretudo acalmar cada um para evitar conflitos ou, pior, para manipular a fim de obter o que se quer. O que não tem nada a ver com a empatia da CNV. Nós não podemos terminar este escrito sem evocá-la brevemente.

A EMPATIA

Segundo Marshall B. Rosenberg, a empatia é uma qualidade de escuta e de presença do outro, diante das vivências e necessidades dele, sem querer levá-lo a um certo lugar e sem lembranças do passado.

Segundo Stephen Covey, a empatia é querer compreender o outro e que ele se sinta compreendido.

> "Quando tentamos compreender alguém, isso o acalma e tranquiliza a atmosfera. E isso não tem nada a ver com abusar/se deixar abusar!"
> (Anne van Stappen).

As frases clássicas para a empatia são: "Você se sente, você está... porque você gostaria, apreciaria que...?"

Exercício

Um chefe diz: "Realmente, você é tão incompetente quanto seu predecessor, eu preciso verificar tudo o que você faz!"

"Quando você me diz...

_____

_____

_____

Você se sente, você está...

_____

_____

_____

Porque você apreciaria...

_____

_____

_____

É isso?"

Para concluir, acrescentemos que a empatia silenciosa, ou perceber em silêncio o que alguém está vivendo, também pode acalmar uma situação tensa. Com efeito, o que as pessoas percebem, sobretudo, é nossa atitude interior, antes de qualquer palavra.

Com gerentes privados de empatia, a autoempatia é inevitável!
E lembre-se de que cada palavra
desagradável é a expressão, às vezes
violenta, de sentimentos e necessidades insatisfeitas.

Mesmo que não concordemos com alguém, o clima melhora se
tentarmos compreendê-lo buscando perceber suas vivências e
necessidades para além daquilo que diz.

Canto do bom-senso

Se uma situação é intolerável, pense em mudar de cargo ou deixar
seu emprego. Mas não se coloque em dificuldade financeira;
portanto, evite deixar seu emprego enquanto não tiver um plano B.

Nas grandes empresas, você pode solicitar o departamento de relações
humanas a fim de explorar se uma mudança de cargo poderia
corresponder a seus desejos e competências. Se não, procure aquilo
que realmente gostaria de fazer. Consulte um *coach*, vá a uma
agência de emprego, analise ofertas de emprego etc. Começar esse
tipo de procedimento fará as dificuldades pesarem menos, pois você
despertará em si uma nova dinâmica, a de tomar as rédeas de seu
destino.

Conclusão

Estabelecer seus limites, não mais aceitar tudo no trabalho são atitudes que seus gerentes e colegas podem ter dificuldade em aceitar, sobretudo se você for tido como conciliador e disposto a assumir tarefas que outros recusam. É possível que as pessoas ao redor se tornem hostis ao colega assertivo que você se tornou. E talvez você seja levado a mudar de esfera profissional.

Às vezes, também, a fim de cuidar de si, você recusará propostas que poderiam trazer a promoção tão sonhada. Em toda decisão, pergunte-se quais são as suas prioridades e permaneça próximo de si mesmo. Lembre-se de que um **burnout** por falta de escuta de si pode gerar consequências para a vida toda.

Antes de uma decisão importante, tome um tempo para pensar. Graças a uma caminhada na natureza, à ioga, ao esporte, à CNV ou outra atividade relaxante, você se aproximará de si mesmo.

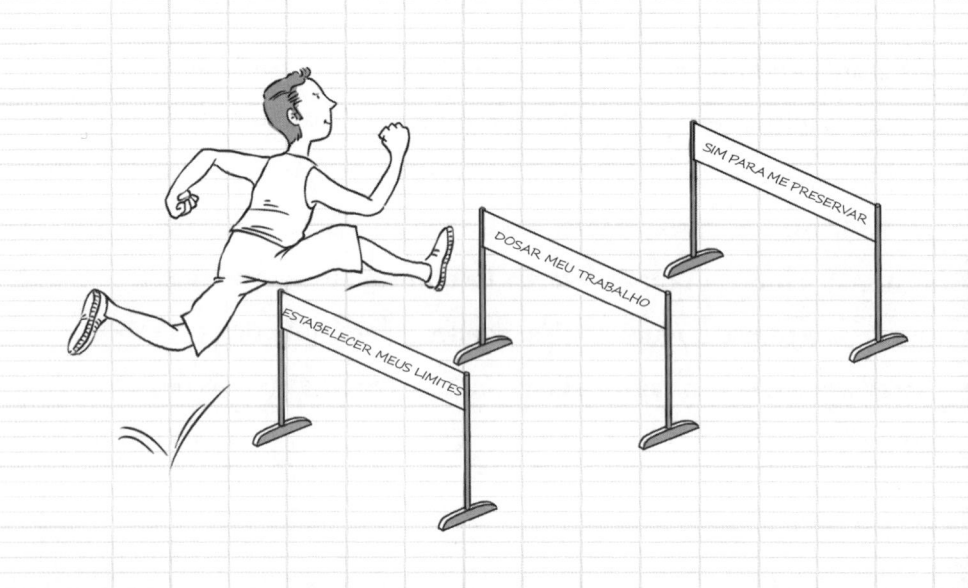

Exercício

Se, neste momento, você tem escolhas a fazer entre sua vida privada e profissional, se dê espaço e anote, nas questões que se seguem, respostas inspiradoras para você, levando em consideração todas as suas necessidades, em curto e em longo prazo.

Eu quero ser um empregado melhor, o gerente do ano ou um pai próximo de meus filhos?

_____

_____

_____

Eu quero ser reconhecido e estimado por meus colegas ou tranquilo e sereno porque eu cuido de mim para, em seguida, cuidar melhor das pessoas com que convivo e do meu trabalho?

_____

_____

_____

Eu quero uma vida agitada e cheia de adrenalina ou prefiro ter tempo para respirar e amar?

_____

_____

_____

Eu quero participar de mais uma reunião importante... ou alimentar minha conexão com meu parceiro de vida e meus filhos?

_____

_____

_____

Exercício final

Anote:

Nesta leitura, o que me toca mais, me inspira mais, ecoa mais minhas vivências?

_____

_____

_____

Três coisas que essa leitura me fez compreender a propósito de meus modos de funcionamento.

_____

_____

_____

Três atitudes que eu decidi instaurar no dia a dia para me proteger do *burnout*, sem me fechar para a vida profissional por isso.

_____

_____

_____

E se você pensar que não terá tempo para fazer tudo isso, lembre-se de que:

É melhor se dar o tempo de perder tempo, a fim de ganhar em seguida.

Nós desejamos bons ventos para você se tornar seu próprio chefe!

Anexo

Sentimentos experimentados quando nossas necessidades estão satisfeitas:

aberto, acalmado, admirativo, agradecido, alegre, aliviado, amoroso, animado, apaixonado, bem-disposto, calmo, caloroso, cativado, centrado, cheio de esperança, cheio de si, compadecido, completo, concentrado, concernido, confiante, confortável, contente, curioso, descontraído, desperto, determinado, dinamizado, emocionado, em harmonia, encantado, encorajado, engajado, enternecido, entregue, entretido, entusiasta, espantado, estimulado, excitado, extasiado, fascinado, feliz, inspirado, interessado, intrigado, leve, libertado, luminoso, maravilhado, motivado, nutrido, orgulhoso, otimista, próximo, realizado, receptivo, reconfortado, refrescado, regenerado, relaxado, satisfeito, seduzido, seguro, seguro de si, sensível, sereno, surpreso, tocado, tranquilo, transformado, vivo.

Sentimentos experimentados quando nossas necessidades estão insatisfeitas:

abatido, aborrecido, afastado, afogado, alarmado, alterado, amargo, angustiado, ansioso, apavorado, assoberbado, assustado, aterrorizado, atormentado, balançado, bloqueado, cansado, carrancudo, cético, chocado, com raiva, concernido, confuso, consternado, constrangido, contrariado, deprimido, desapontado, desamparado, desconcertado, desconfiado, desconfortável, descontente, desesperado, desestabilizado, desestimulado, desfeito, desgastado, desgostoso, desiludido, desmoralizado, desmunido, desorientado, destruído, distante, dividido, emocionado, em pedaços, enlouquecido, entediado, entristecido, envergonhado, esgotado, espantado, estressado, estupefato, exasperado, exausto, extenuado, frágil, ferido, fora de si, frustrado, furioso, gelado, hesitante, horrorizado, impaciente, impotente, incerto, incomodado, indeciso, indiferente, infeliz, inquieto, insatisfeito, insensível, intrigado, irritado, mal, na defensiva, nervoso, no limite, perdido, perplexo, perturbado, pesado, pessimista, preocupado, prostrado, rabugento, reservado, resignado, ressentido, reticente, saturado, sedento, sem fôlego, sem rumo, sobrecarregado, sofrendo, sonolento, sozinho, surpreso, tenso, transtornado, triste, vazio, vexado, vulnerável.

Palavras a evitar!

Elas são a soma de um sentimento e de um julgamento do outro ou de si mesmo: abandonado, abusado, agredido, ameaçado, assediado, atacado, atravessado, caluniado, criticado, culpado, denegrido, descartado, desconsiderado, desimportante, desprezado, desprezível, desvalorizado, detestado, difamado, diminuído, dominado, encurralado, enganado, enjaulado, enrolado, estúpido, excluído, explorado, humilhado, ignorado, idiota, importunado, incapaz, incompetente, incompreendido, indesejável, infantilizado, insultado, inútil, isolado, julgado, largado, maltratado, manipulado, medíocre, não aceito, não ouvido, não visto, negligenciado, obrigado, ofendido, pego em flagrante, perseguido, pressionado, provocado, rebaixado, rejeitado, ridicularizado, sem valor, sufocado, sujo, traído, usado, vencido, violado.

Algumas necessidades fundamentais:

Subsistência: respirar, beber, comer...

Segurança: segurança afetiva e material, apoio, cuidados, alento...

Liberdade: autonomia, independência, espontaneidade, escolher seus sonhos, valores, objetivos...

Lazer: descontração, jogo...

Identidade: coerência com seus valores, afirmação de si, pertencimento, autenticidade, autoconfiança, estima e respeito de si/do outro, evolução, integridade...

Participação: cooperação, pertencimento, atenção, comunhão, conexão, expressão, interdependência, contribuição para o bem-estar, realização de si/do outro...

Social: aceitação, pertencimento, atenção, comunhão, companhia, contato, intimidade, partilha, proximidade, amor, afeição, calor humano, honestidade, sinceridade, respeito, ternura, confiança, comunicação, harmonia, consolo...

Realização de si: expressão de si, evolução, aprendizado, realização de seu potencial, criatividade...

Sentido: clareza, compreensão, discernimento, orientação, significação, transcendência, unidade, sentido...

Celebração: apreciação, partilha das alegrias e das tristezas, gratidão...

Espiritualidade: beleza, inspiração, paz, transcendência...

Referências

ASSEMBLÉE NATIONALE. *Mission d'information sur l'épuisement professionnel*, 13 juillet 2016 (audition de Marie Pezé, psychologue psychanalyste et initiatrice de la première consultation "Souffrance au travail" au Centre D'Accueil et de Soins Hospitaliers de Nanterre) [Assembleia Nacional. *Missão de informação sobre o esgotamento profissional*, 13 de julho de 2016 (fala de Marie Pezé, psicóloga psicanalista e iniciadora da primeira consulta pública "Sofrimento no trabalho", no Centro de Acolhimento e Cuidados Hospitalares de Nanterre)]. Disponível em https://www.youtube.com/watch?v=gjX5rz8rYXQ

LUIGI, Carlini et al. "Burn out syndrome. Legal medicine: Analysis and evaluation INAIL protection in cases of suicide induced by burn out within the helping professions" ["Síndrome do *burnout*: Análise e avaliação da proteção INAIL em casos de suicídio induzidos pelo *burnout* no meio de profissionais de auxílio"]. *Riv. Psichiatr.*, 51(3): 87-95, 2016.

COTTA, Jacques. "Dans le secret du burn-out". Reportage diffusé lors de la conférence de l'Université Populaire d'Évreux ["No segredo do *burnout*". Reportagem divulgada na Conferência da Universidade Popular de Évreux]. 2016.

DISPENSA, Joe. *Rompre avec soi-même*. Ariane, 2013 [*Quebrando o hábito de ser você mesmo*. Citadel, 2018].

GAUCHÉ, Cécile et al. "Exploring demands from the perspective of employees identified as being at risk of burn-out". *International Journal of Qualitative Studies on Health and Well-Being* ["Explorando demandas a partir da perspectiva de empregados identificados como em risco de *burnout*. *Periódico Internacional de Estudos Qualitativos sobre Saúde e Bem-estar*], v. 12, 2007. "Recherche sur le burn-out au sein de la population active belge". Service Public Fédéral/Emploi, Travail et Concertation Sociale, oct.-2009/oct-2010 ["Pesquisa sobre o *burnout* no seio da população ativa belga". Serviço Público Federal/Emprego, Trabalho e Concertação Social, out-2009/out-2010].

RTBF.be. *Burn-out*: Quand le travail devient toxique. Débat animé par Julie Morelle. Documentaire du 12/9/2017 [*Burnout*: Quando o trabalho se torna tóxico. Debate intermediado por Julie Morelle. Documentário].

TER HOEVEN, Claartje L. et al. "The practical paradox of technology: The influence of communication technology use on employee burn out and engagement" ["O paradoxo prático da tecnologia: A influência do uso da tecnologia da comunicação sobre o *burnout* de empregados e o engajamento"]. *Communication Monographs*, v. 83, n. 2, p. 239-263, 2016.

VAN STAPPEN, Anne. *J'écoute mes besoins profonds. Je m'exprime avec fermeté et bienveillance* [*Eu escuto minhas necessidades profundas. Eu me expresso com firmeza e boa intenção*]. Jouvence, 2018.

_____. *Je pratique la Communication NonViolente. Je cultive ma joie de vivre. Je m'affirme et j'ose dire non.* Jouvence, 2017. [*Caderno de exercícios de Comunicação Não Violenta* (Vozes, 2020). *Caderno de exercícios para cultivar a alegria no cotidiano* (Vozes, 2013). *Caderno de exercícios para se afirmar e ousar dizer não* (Vozes, 2014)].

VASEY, Catherine. *Burn-out*: Le détecter et le prevenir [*Burnout*: Detectá-lo e preveni-lo]. Jouvence, 2007.

Coleção Praticando o Bem-estar

Selecione sua próxima leitura

- ☐ Caderno de exercícios para aprender a ser feliz
- ☐ Caderno de exercícios para saber desapegar-se
- ☐ Caderno de exercícios para aumentar a autoestima
- ☐ Caderno de exercícios para superar as crises
- ☐ Caderno de exercícios para descobrir os seus talentos ocultos
- ☐ Caderno de exercícios de meditação no cotidiano
- ☐ Caderno de exercícios para ficar zen em um mundo agitado
- ☐ Caderno de exercícios de inteligência emocional
- ☐ Caderno de exercícios para cuidar de si mesmo
- ☐ Caderno de exercícios para cultivar a alegria de viver no cotidiano
- ☐ Caderno de exercícios e dicas para fazer amigos e ampliar suas relações
- ☐ Caderno de exercícios para desacelerar quando tudo vai rápido demais
- ☐ Caderno de exercícios para aprender a amar-se, amar e – por que não? – ser amada(o)
- ☐ Caderno de exercícios para ousar realizar seus sonhos
- ☐ Caderno de exercícios para saber maravilhar-se
- ☐ Caderno de exercícios para ver tudo cor-de-rosa
- ☐ Caderno de exercícios para se afirmar e – enfim – ousar dizer não
- ☐ Caderno de exercícios para viver sua raiva de forma positiva
- ☐ Caderno de exercícios para se desvencilhar de tudo o que é inútil
- ☐ Caderno de exercícios de simplicidade feliz
- ☐ Caderno de exercícios para viver livre e parar de se culpar
- ☐ Caderno de exercícios dos fabulosos poderes da generosidade
- ☐ Caderno de exercícios para aceitar seu próprio corpo
- ☐ Caderno de exercícios de gratidão
- ☐ Caderno de exercícios para evoluir graças às pessoas difíceis
- ☐ Caderno de exercícios de atenção plena
- ☐ Caderno de exercícios para fazer casais felizes
- ☐ Caderno de exercícios para aliviar as feridas do coração
- ☐ Caderno de exercícios de comunicação não verbal
- ☐ Caderno de exercícios para se organizar melhor e viver sem estresse
- ☐ Caderno de exercícios de eficácia pessoal
- ☐ Caderno de exercícios para ousar mudar a sua vida
- ☐ Caderno de exercícios para praticar a lei da atração
- ☐ Caderno de exercícios para gestão de conflitos
- ☐ Caderno de exercícios do perdão segundo o Ho'oponopono
- ☐ Caderno de exercícios para atrair felicidade e sucesso
- ☐ Caderno de exercícios de Psicologia Positiva
- ☐ Caderno de exercícios de Comunicação Não Violenta
- ☐ Caderno de exercícios para se libertar de seus medos
- ☐ Caderno de exercícios de gentileza
- ☐ Caderno de exercícios de Comunicação Não Violenta com as crianças
- ☐ Caderno de exercícios de espiritualidade simples como uma xícara de chá
- ☐ Caderno de exercícios para praticar o Ho'oponopono
- ☐ Caderno de exercícios para convencer facilmente em qualquer situação
- ☐ Caderno de exercícios de arteterapia
- ☐ Caderno de exercícios para se libertar das relações tóxicas
- ☐ Caderno de exercícios para se proteger do Burnout graças à Comunicação Não Violenta
- ☐ Caderno de exercícios de escuta profunda de si
- ☐ Caderno de exercícios para desenvolver uma mentalidade de ganhador
- ☐ Caderno de exercícios para ser sexy, zen e feliz
- ☐ Caderno de exercícios para identificar as feridas do coração
- ☐ Caderno de exercícios de hipnose
- ☐ Caderno de exercícios para sair do jogo vítima, carrasco, salvador
- ☐ Caderno de exercícios para superar um fracasso
- ☐ Caderno de exercícios para quem precisa se reinventar